BEI GRIN MACHT SICH IHR WISSEN BEZAHLT

Thomas Schümann

Salutogenese und Humor. Das Gesundheitskonzept von Aron Antonovsky. Ein salutogenetischer Ansatz in der Pflege?

GRIN Verlag

Bibliografische Information der Deutschen Nationalbibliothek:

Die Deutsche Bibliothek verzeichnet diese Publikation in der Deutschen National-
bibliografie; detaillierte bibliografische Daten sind im Internet über http://dnb.d-
nb.de/ abrufbar.

Impressum:

Copyright © 2006 GRIN Verlag GmbH
Druck und Bindung: Books on Demand GmbH, Norderstedt Germany
ISBN: 978-3-638-83462-9

Dieses Buch bei GRIN:

http://www.grin.com/de/e-book/64242/salutogenese-und-humor-das-gesundheits-
konzept-von-aron-antonovsky-ein

GRIN - Your knowledge has value

Der GRIN Verlag publiziert seit 1998 wissenschaftliche Arbeiten von Studenten, Hochschullehrern und anderen Akademikern als eBook und gedrucktes Buch. Die Verlagswebsite www.grin.com ist die ideale Plattform zur Veröffentlichung von Hausarbeiten, Abschlussarbeiten, wissenschaftlichen Aufsätzen, Dissertationen und Fachbüchern.

Besuchen Sie uns im Internet:

http://www.grin.com/

http://www.facebook.com/grincom

http://www.twitter.com/grin_com

Hamburger Fernhochschule

Studiengang Pflegemanagement

Studienfach Gesundheitswissenschaft

Hausarbeit zum Themenkomplex

**Das Gesundheitskonzept von A. Antonovsky. Zur Bedeutung der
Salutogenese für die Gesundheitswissenschaft**

Unterthema:

Humor in der Pflege. Ein salutogenetischer Ansatz?

3. Regelstudiensemester

Frühjahr 2006

von

Thomas Schümann

26.08.2006

INHALTSVERZEICHNISS

1 Annäherung an das Thema

„Und jedem Anfang wohnt ein Zauber inne,

der uns beschützt und der uns hilft zu leben. "

(HESSE 2003, 450)

Der Schriftsteller Herrmann Hesse zeichnet in seinem Gedicht Stufen ein optimistisches Bild der Zukunft.

Zweifelsohne gibt es Menschen, die seine Zukunftssicht nicht teilen. Für sie bedeuten Zukunft und Veränderung (Anfang) Unsicherheit, Zweifel, Ungewissheit bis hin zur Zukunftsangst.

Wie gehen Menschen mit den Herausforderungen des Lebens um?

Wie beurteilen und bewältigen sie die alltäglichen Anforderungen?

Eine Frage, der sich die Wissenschaft im Rahmen der Stressforschung stellt.

„Die wohl einflussreichste Streßbewältigungstheorie [sic!] ist das transaktionale Steßmodell [sic!] (Lazarus, 1966; 1981; Lazarus & Folkman, 1987)" (BENGEL u.a., 2001, 60). Es betont den relationalen Charakter von Stress. Ein Stressprozess wird demnach nie allein durch Faktoren der Umwelt oder der Person ausgelöst sondern ist ein Produkt von Bewertungsprozessen. Stress ist somit individuell und abhängig von der Informationsverarbeitung der Person und situationsbezogener Variablen. Das empfinden von Stress ist keine feste Größe sondern kann durch die Art der Informationsverarbeitung beeinflusst werden. Im transaktionalen Stressmodel von Lazarus stehen die individuellen Bewertungsprozesse im Mittelpunkt. Es werden die *primäre Bewertung* und die *sekundäre Bewertung* unterschieden.

Die *primäre Bewertung* bezieht sich darauf, ob eine Situation als Bedrohung, belastendes Ereignis, Herausforderung oder irrelevant eingeschätzt wird. Die *sekundäre Bewertung* bezieht sich darauf, ob eine als belastend eingeschätzte Situation mit eigenen Mitteln und/oder Unterstützung anderer zu bewältigen ist. Diese Anpassungsleistungen des

Individuums bei der Bewältigung von Stress werden **Coping** (**Copingstrategien**) genannt. (vgl. BENGEL u.a., 2001, 60,)

Hierauf bezieht sich Aaron Antonovskys Modell der Salutogenese, in dem er die zentrale Aufgabe des Organismus in der Bewältigung von Spannungszuständen sieht. Gelingt diese Bewältigung, schreibt er ihr eine positive gesundheitliche Wirkung zu. Misslingt sie entsteht Stress.

Es sei ausdrücklich angemerkt, dass Antonovsky diesem keineswegs immer eine schädliche Wirkung zuweist. Erst im Zusammenspiel mit Krankheitserregern, Schadstoffen und körperlichen Schwachstellen schreibt er dem Stress eine negative gesundheitliche Wirkung zu (vgl. BENGEL u.a., 2001, 33, ANTONOVSKY, 1997, 26 f.).

Da in der Pflege[1] davon auszugehen ist, dass es sich bei den Patienten[2] um Menschen handelt, bei denen eine Auseinandersetzung mit Krankheitserregern gegeben ist und/oder körperliche Schwachstellen bestehen, liegt ein besonderer Schwerpunkt in der Stärkung von Copingstrategien zur Vermeidung der negativen gesundheitlichen Auswirkungen von Stress.

An dieser Stelle geraten die Möglichkeiten, die der Humor auch und gerade in der Pflege bietet, ins Visier. Humor kann helfen, Situationen zu „entkrampfen". Er kann ein Lichtblick sein und nicht umsonst hört man bei der täglichen Arbeit immer wieder auch die Worte „Solange man noch lachen kann ……….." (Quelle unbekannt). Im weiteren Verlauf der Arbeit

---

[1] Von einer genauen Definition des Begriffes Pflege soll bewusst abgesehen werden. Unter Pflege wird zwar vorwiegend eine helfende Beziehung zwischen professionell Pflegenden und zu Pflegenden verstanden, diese bezieht aber auch die Pflegebeziehung von Laienpflegenden und den von ihnen Gepflegten mit ein.

[2] Bei der Bezeichnung Patienten handelt es sich auch im weiteren Verlauf der Arbeit um Pflegeempfänger.

soll nach der Vorstellung des salutogenetischen Modells von Antonovsky und der Herausbeitung der Bedeutung für die Gesundheitswissenschaft der Frage nachgegangen werden, ob Humor in der Pflege ein salutogenetischer Ansatz ist.

2   Der Autor Aaron Antonovsky

Aaron Antonovsky wurde 1923 in den Vereinigten Staaten von Amerika geboren. Sein Studium der Geschichte und Wirtschaft konnte er erst nach seinem Wehrdienst in der US-Armee während des zweiten Weltkrieges beenden. Eher durch Zufall kam er mit den wissenschaftlichen Gebieten der Medizinsoziologie und Stressforschung an der Yale-Universität in Kontakt.

1960 emigrierte Antonovsky mit seiner Frau nach Israel. Am Institut für angewandte Sozialforschung in Jerusalem trat er eine Stelle als Medizinsoziologe an. Er wandte sich speziell der Stressforschung und der Erforschung latenter Funktionen des Gesundheitswesens zu.

Das Schlüsselerlebnis zur Entwicklung des salutogenetischen Modells ist verbunden mit einer Untersuchung an Frauen verschiedener ethnischer Gruppen über die Auswirkungen der Menopause. Unter den 1914 bis 1923 geborenen befanden sich auch Frauen, die die unvorstellbaren Schrecken nationalsozialistischer Konzentrationslager überlebt hatten. Nach oft jahrelanger Odyssee waren sie nach Israel ausgewandert, wo sie drei Kriege gegen arabische Nachbarstaaten miterlebten. Trotz all dieser extrem belastenden Erfahrungen befanden sich 29% der Frauen in einem guten physischen und psychischen Zustand. Diese Tatsache war für Antonovsky nach seien eigenen Aussagen der Anlass, sich mit solchen Faktoren auseinanderzusetzen, die dazu beitragen, dass jemand trotz schwerer Belastungen gesund bleibt.

Ab 1972 fällt ihm ein entscheidender Anteil am Aufbau einer gemeindeorientierten medizinischen Fakultät an der Ben Gurion Universität in Negev zu. 1977/78 und 1983/84 führten ihn zwei Gastprofessuren wieder in die USA. Insgesamt veröffentlichte er viele Arbeiten zu dem von ihm entwickelten Modell der Salutogenese, insbesondere seine beiden Bücher von 1979 „Help, stress, and coping: New perspetives on mental and physical well-being" und 1987 „Unraveling the mystery of helth. How people manage stress an stay well" (vgl. BENGEL u.a., 2001, 33, FRANKE, 1997, 13.). Aaron Antonovsky starb 1994 im Alter von 71 Jahren in Israel.

3 Ungewohntes Denken: Pathogenese versus Salutogenese

Nicht warum ist oder wird jemand krank sondern warum ist oder wird jemand gesund? Diese salutogenetische Herangehensweise bedeutet eine grundlegend andere Art der Fragestellung, neues ungewohntes Denken bei einem jahrhundertealten pathogenetischem Paradigma.

Der gravierende Unterschied zwischen dem pathogenetischen und dem salutogenetischen Paradigma besteht nach Antonovsky darin, dass ersteres von einer Homöostase als Regelfall ausgeht, Salutogenese hingegen Heterostase als Regelfall annimmt.

Folgt man dem pathogenetischem Modell, befinden sich Menschen normalerweise im Gleichgewicht. Krankheiten entstehen, wenn es durch ungünstige Umstände oder Ereignisse zu einer Beeinflussung dieser Homöostase hin zu einem Ungleichgewicht kommt. Dann muss Energie aufgewendet werden um die Homöostase wieder herzustellen.

Heterostase und Ungleichgewicht hingegen sind der Normalfall im salutogenetischen Modell. Heterostase, Ungleichgewicht, Leiden und Tod gehören als immanente Bestandteile der menschlichen Existenz zum Leben dazu. Der menschliche Organismus unterliegt nach Antonovsky der Tendenz zu Auflösung und Zerfall, der Entropie. „Der Schlüsselbegriff heißt *Negative Entropie* und er löst die Suche nach nützlichen Inputs in das soziale System, die physikalische Umgebung, den Organismus und niedere Systeme bis hin zur Zellebene aus, um dem immanenten Trend zur Entropie entgenzuwirken." (ANTONOVSKY, 1997, 27). Um Chaos und Zerfall zu vermeiden, muss also ein fortlaufender Input an Energie in das System erfolgen. Der Mensch ist einer Flut von Stimuli, ausgesetzt die unentwegte Anpassungsleistungen und aktive Bewältigung erfordern. Er bleibt somit nicht wie von selbst in einem Gleichgewicht, dass nur von gelegentlichen Störungen unterbrochen wird. Bedingt durch diese Annahme, sind Stressoren wegen des Auslösens von Anpassungsleistungen und aktiver Bewältigung gleichzeitig Initiatoren für Wachstum und Weiterentwicklung.

Wie wichtig diese Herausforderungen an den Organismus sind, unterstreicht Antonovsky nochmals, indem er das Individuum im Zustand völliger Entropie als „ … ein Hypnotisierter oder Schlafwandler, in sich selbst abgeschlossen, nur innerhalb seiner selbst integriert, alles andere ignorierend." (ANTONOVSKY, 1997, 153) beschreibt.

Angesichts ubiquitärer Pathogene, teilweise schwierigster Bedingungen, zahlreicher Anforderungen und mitunter zerstörerischer Umwelt ist es weniger verwunderlich, warum Menschen krank werden, sondern vielmehr warum es so erfreulich vielen gelingt sich mehr gesund als krank zu halten.

4 Das Gesundheits-Krankheitskontinuum

In der Formulierung >mehr gesund als krank< verbirgt sich eine weitere Grundannahme des salutogenetischen Modells. Es geht davon aus, dass Gesundheit und Krankheit keine sich ausschließenden Zustände sind.

Antonovsky formuliert dazu „…solange noch ein Hauch leben in uns ist [sind wir alle] in einem gewissen Ausmaß gesund." (ANTONOVSKY, 1997, 23).

Nach salutogenetischem Verständnis handelt es sich bei Gesundheit und Krankheit um Pole eines multidimensionalen Kontinuums. Auf diesem Kontinuum können Menschen sich mehr in die eine oder die andere Richtung bewegen. Die Endpunkte des Kontinuums bezeichnet Antonovsky als Healthese und Disese (HEDE), ein Wortspiel ohne deutsche Entsprechung, die am ehesten mit Gesundheit und Entgesundung übersetzt werden kann (vgl. ANTONOVSKY, 1979, 184/185).

Menschen sind nicht gesund oder krank, sondern befinden sich hinsichtlich jeder Dimension auf einem Punkt des Kontinuums. Krankheit ist nicht Ausfall eines Systems und abgrenzbares, isoliertes Ereignis, sondern wird im Sinne einer Entgesundung als Prozess verstanden, eingebettet in die Geschichte eines Menschen.

Die pathogenetische Orientierung tendiert dazu, den Fokus auf die Krankheit allein und somit „auf die Galle aus Zimmer 4" oder „die Hüfte aus der 17" zu richten. Nach Antonovsky gelingt ein Verständnis dieses Prozesses nur, wenn ein möglichst breites Wissen über den Menschen, seine innere und äußere Situation sowie seine Stärken und Möglichkeiten (gesunden Anteile) mitberücksichtigt werden, demzufolge alle Faktoren beachtet werden, die zu einer Bewegung in Richtung Krankheitspol beigetragen haben.

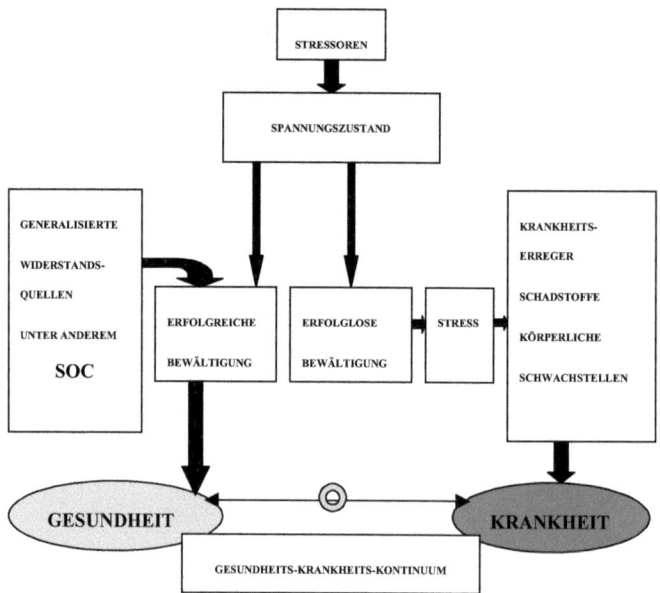

Abb.2 Vereinfachte Darstellung des Modells der Salutogenese nach Antonovsky, 1979

5   Stressoren und Widerstandsressourcen

Stressoren (Abb.2) im Sinne Antonovskys sind „Herausforderungen für die es keine unmittelbar verfügbaren oder automatisch adaptiven Reaktionen gibt" (ANTONOVSKY, 1979, 72).

Das eine erfolgreiche Bewältigung des durch den Stressor ausgelösten Spannungszustands positive Folgen für den Organismus haben kann, wurde bereits erläutert. Als zentrale Faktoren, die entscheiden ob eine Bewegung zum positiven Pol gelingt, formuliert Antonovsky das Konzept der generalisierten Widerstandressourcen.

Generalisierte Widerstandsressourcen ermöglichen ein konstruktives Umgehen mit Stressoren. Sie sind sowohl im Individuum als auch in dessen Umfeld und in der Gesellschaft zu finden.

Antonovsky fasst darunter gesellschaftliche Faktoren wie kulturelle Stabilität und soziale Unterstützung als auch individuelle Einflüsse wie körperliche Faktoren, Intelligenz und Problembewältigungsstrategien zusammen. (vgl. BENGEL u.a., 2001, 34).

Generalisierte Widerstandsressourcen bedingen die Handhabbarkeit von Stressoren, einerseits durch Vermeidung, andererseits durch den konstruktiven Umgang mit Ihnen. Stressoren können ihr gesundheits-schädigendes Potenzial nicht entfalten, sobald genügend internale und externale Widerstandsressourcen zur Verfügung stehen und die Person immer wieder die Erfahrung macht, dass sie sie meistern kann und Ihnen nicht hilflos ausgeliefert ist.

6   Das Kohärenzgefühl

Die Überzeugung, dass das Leben in den individuell relevanten Bereichen überschaubar, handhabbar und sinnvoll ist, bildet sich um so mehr heraus, je häufiger die Erfahrung gemacht wird, dass man den Stressoren nicht wehrlos ausgeliefert ist.

Das Ausmaß dieser Überzeugung ist nach Antonovsky der entscheidende Parameter für ein Mehr oder Weniger an Gesundheit. Von ihm wird die Platzierung auf dem Gesundheits-Krankheits-Kontinuum maßgeblich beeinflusst.

Er bezeichnet diese ausschlaggebende Grundhaltung als **sense of coherence** mit dem Abkürzungssynonym **SOC** (Abb.2), ins Deutsche übertragen als Kohärenzgefühl[3].

Dieses SOC definiert er folgendermaßen:

„Das SOC ist eine globale Orientierung, die ausdrückt, in welchem Ausmaß man ein durchdringendes, andauerndes und dennoch dynamisches Gefühl des Vertrauens hat, daß {sic!]:

1. die Stimuli, die sich im Verlauf des Lebens aus der inneren und äußeren Umgebung ergeben, strukturiert, vorhersehbar und erklärbar sind;

2. einem die Ressourcen zur Verfügung stehen, um den Anforderungen, die diese Stimuli stellen, zu begegnen;

3. diese Anforderungen Herausforderungen sind, die Anstrengung und Engagement lohnen." (ANTONOVSKY, 1997, 36)

6.1 Die drei Teilkomponenten

Die in 1.,2.,und 3. beschriebenen Teilkomponenten bezeichnet Antonovsky als Verstehbarkeit, Handhabbarkeit und Bedeutsamkeit.

Verstehbarkeit:

ist das Ausmaß, in dem eine Person interne und externe Stimuli als kognitiv sinnvoll wahrnimmt, sie also als geordnete, konsistente, strukturierte und klare Information vernimmt und nicht als chaotisches, ungeordnetes, willkürliches, zufälliges und unerklärliches Rauschen.

---

[3] Sense of coherence wird in verschiedenen Publikationen unterschiedlich übersetzt. So z.B. als Kohärenzsinn, Kohärenzerleben, Kohärenzempfinden. In Anlehnung an die von A. Franke herausgegebene Übersetzung wird in dieser Arbeit der deutsche Begriff des Kohärenzgefühls (Kohärenz = Zusammenhang)verwendet.

Personen die über ein hohes Maß an Verstehbarkeit verfügen, gehen davon aus, dass zukünftige Stimuli vorhersehbar sind oder bei tatsächlicher Überraschung eingeordnet und erklärt werden können (vgl. ANTONOVSKY, 1997, 34).

Handhabbarkeit:

als pragmatischer Teil des Kohärenzgefühls ist das Maß, in dem eine Person wahrnimmt, dass sie geeignete Ressourcen zur Verfügung hat. Diese benötigt sie, um den von den Stressoren ausgehenden Anforderungen zu begegnen. Sie können unter eigener Kontrolle stehen oder auch unter derjenigen von „legitimierten anderen...vom Ehepartner, von Freunden, Kollegen, Gott, der Geschichte, vom Parteiführer oder einem Arzt, von jemandem, auf den man zählen kann, dem man vertraut" (ANTONOVSKY, 1997, 35). Ein hohes Maß an Handhabbarkeit bewirkt, dass Personen sich durch Ereignisse nicht in die Opferrolle gedrängt oder vom Leben ungerecht behandelt fühlen. Wenn unangenehme Dinge passieren, werden sie mit ihnen umgehen können und nicht ewig trauern oder mit ihrem Schicksal hadern. (vgl. ANTONOVSKY, 1997, 35)

Bedeutsamkeit:

steht für den motivationalen Aspekt des Kohärenzgefühls. Es beschreibt das Ausmaß, in dem eine Person das Leben als sinnvoll empfindet und in welchem sie erlebt, dass zumindest einige der vom Leben gestellten Aufgaben es wert sind, sich einzusetzen und zu verpflichten. Ein hohes Maß an Bedeutsamkeit lässt Aufgaben und Anforderungen mehr als Herausforderungen denn als Last und Bürde erscheinen. (vgl. ANTONOVSKY, 1997, 35/36)

Antonovsky benennt vier Bedeutungsbereiche, die für die Aufrechterhaltung eines starken SOC unabdingbar sind. „... die eigenen Gefühle, die unmittelbaren interpersonellen Beziehungen, seine wichtigste eigene Tätigkeit und existentielle Fragen (Tod, unvermeidbares Scheitern, persönliche Fehler, Konflikte und Isolation)" (ANTONOVSKY, 1997, 39).

Er beschreibt ebenfalls, dass es nicht nötig ist, das gesamte Leben als verstehbar, handhabbar und bedeutsam zu empfinden. Vielmehr ist das setzen von Grenzen eine der effektivsten Methoden, um die Sicht der Welt als kohärent aufrechtzuerhalten. Ausgenommen die vier oben genannten Lebensbereiche ist es für das Vorhandensein eines starken SOC nicht notwendig, sich für internationale Politik, Kunst oder den aktuellen Stand der Gesundheitsreformdiskussion zu interessieren. (vgl. ANTONOVSKY, 1997, 39/40)

6.2 Ausbildung des Kohärenzgefühls

Nach Antonovsky hat sich das Kohärenzgefühl bis um das dreißigste Lebensjahr vollständig entwickelt. Eine entscheidende Veränderung ergibt sich danach nur wenn einschneidende Lebensveränderungen zu einer dauerhaften Neuorientierung und zu lang anhaltenden neuen Lebenserfahrungen führen.

Für die Entstehung eines starken Kohärenzgefühls ist entscheidend, dass Menschen ihr Leben nicht als chaotisch, willkürlich und zufällig erleben sondern die Erfahrung machen, dass sie Einfluss nehmen können, ihm gewachsen sind und das es einen Sinn hat.

Drei Erfahrungen sind hierbei von herausgehobener Wichtigkeit:

→ Konsistenz

Die Erfahrung, dass Dinge sich wiederholen, dass sich Abläufe unter ähnlichen Bedingungen ähnlich gestalten und das sie im Zusammenhang mit Beziehungen Zeiten überdauern. Solche Lebenserfahrungen sind wichtig zur Ausbildung der Verstehbarkeitskomponente.

→ Einflussnahme

Teilhabe an der Gestaltung von Ereignissen. Die Welt um mich herum lässt sich beeinflussen. Ich bin ihr nicht ohne jede Einflussnahme ausgeliefert. Eine wichtige Erfahrung zur Ausbildung der Bedeutsam keitskomponente.

→ Belastungsbalance

Es darf weder eine anhaltende Überforderung und Überlastung geben, noch darf die Belastung so gering sein, dass sich eine andauernde Unterforderung ergibt. Das richtige Maß an herausfordernder aber bewältigbarer Anforderung ist notwendig zur Ausbildung eines starken Gefühls der Handhabbarkeit.

Als Grundbedingungen zur Ermöglichung solcher Erfahrungen sieht Antonovsky Frieden und Stabilität in der politischen und sozialen Situation. Dieses vorausgesetzt, spielen die individuellen Faktoren der Konsistenz, Einflussnahme und Belastungsbalance eine entscheidende Rolle.

(vgl. ANTONOVSKY, 1997, 91-121)

7 Die Bedeutung für die Gesundheitswissenschaft

Die Tatsache, dass Antonovsky Gesundheit und Krankheit nicht mehr als Antagonismen, sondern als gemeinsame Bestandteile eines Kontinuums beschreibt, stellt einen grundlegend neuen und revolutionären Denkansatz dar. Insbesondere bei chronischen Krankheiten, die zum Teil in Schüben verlaufen, ist seine Denkweise zeitgemäßer und realitätsnaher als eine rein pathogenetische Sichtweise.

Eine weitere Stärke seines Modells ist die ganzheitliche Betrachtung des Menschen. So ist in einer Pressemitteilung der Berliner Senatsverwaltung zu lesen „[Es] müsse bei einer Neuregelung der Budgetverteilung die zuwendende, sprechende Medizin einen höheren Stellenwert gegenüber der Apparatemedizin erhalten."(KNAKE-WERNER, 2006). In Antonovskys Modell gilt es den Menschen mit seinen Stärken und Schwächen als Ganzes zu betrachten.

Der von Antonovsky geschaffene Begriff der Salutogenese als Gegenstück zur Pathogenese und das damit verbundene Modell findet in einer Vielzahl von Wissensgebieten Berücksichtigung. Als Schwerpunkte sind Gesundheitsförderung und Prävention, Psychosomatik und Psychotherapie und Rehabilitation zu nennen. (vgl. BENGEL u.a., 2001, 68)

Die Kritikpunkte in Antonovskys Modell wie:

- Fokussierung auf kognitive und Subjektive Dimensionen

- zu geringe Berücksichtigung der psychischen Gesundheit

- unzureichende Analyse der Wechselwirkung zwischen psychischer und physischer Gesundheit

- Empirischer Widerspruch bezüglich SOC und psychischer Gesundheit

- schwierige empirische Überprüfung des Modells

(vgl. BENGEL u.a., 2001, 92)

führten zu einer Weiterentwicklung. So z.b. 1992 durch Becker, der ein interaktionistisches Anforderung - Ressourcen - Modell entwickelte.

Insgesamt bleibt festzuhalten, dass zur Erklärung von Gesundheit und Krankheit Antonovskys Modell der Salutogenese als erste und am weitesten entwickelte Theorie bezeichnet werden kann. Sie hat einen hohen Integrationsgrad und ist somit von wegweisender und herausgehobener Bedeutung für die Gesundheitswissenschaft. (vgl. BENGEL u.a., 2001, 89)

8   Humor - eine ernste Sache

Wie abwechslungsreich, bunt und vielgestaltig das Phänomen Humor ist, zeigt sich bei der Suche nach einer allgemeingültigen Definition.

Der Autor des Buches „Praxishandbuch Therapeutischer Humor: Grundlagen und Anwendungen für Gesundheits- und Pflegeberufe" V.M. Robinson schreibt zu diesem Problem: „Eine der größten Schwierigkeiten besteht darin, daß [sic!] es weder eine allgemein akzeptierte Terminologie noch ein ebensolches theoretisches Modell gibt. Humor berührt so viele Disziplinen und Studienbereiche, daß [sic!] er gleichzeitig alle und niemanden etwas angeht. Schließlich definiert jede Disziplin das Phänomen Humor aus ihrer spezifischen Sichtweise, so daß [sic!] keine dieser Definitionen jemals allgemeingültig sein kann." (Robinson, 2002, 4)

Die Größe der Aufgabe zeigt sich ebenfalls bei der Anzahl von Begriffen die mit dem Phänomen Humor in Verbindung stehen. So sind Komik, Witz, Spaß, Heiterkeit, Lachen, Scherz und lustig sein Begrifflichkeiten, die mit Humor assoziiert werden genauso wie schwarzer Humor, Zynismus, Sarkasmus und Schadenfreude.

Humor ist von vielen Faktoren abhängig und das empfinden von Humor ist immer auch eine Frage der Perspektive des Betrachters. So wird die Humorassoziation Schadenfreude wohl kaum von dem empfunden der diese Situation ausgelöst hat.

Bischofberger meint dazu: „Eine Situation ist nicht per se humorvoll, sondern sie wird individuell interpretiert. Die Interpretation ist eng mit persönlichen Erfahrungen und Werten sowie mit kulturellen und gesellschaftlichen Normen verknüpft." (Bischofberger, 2002, 35)

Festzuhalten bleibt, dass Humor ein derart komplexes Phänomen ist, dass eine umfassende Antwort auf die Frage „Wie definiert sich Humor" in dieser Arbeit nicht gefunden werden kann.

Anne Siglinde Siegel vertritt eine Sichtweise von Humor, die für die Unterfragestellung dieser Hausarbeit am geeignetsten erscheint. Dabei nimmt sie den einzelnen Menschen ins Blickfeld und vertritt die Auffassung, dass Humor zwei Seiten hat. Eine introvertierte und eine extrovertierte.

Sie schreibt der introvertierten Seite folgende Eigenschaften zu: „Nach innen gewandte Seite des Humors, so genannter >Sinn für Humor< = eine Art persönliches >Auswahlverfahren< , das bestimmt, was als humorvoll wahrgenommen und erlebt wird und was nicht. Die introvertierte Seite des Humors ist eine Art Weltanschauung, d.h. sie bestimmt mit, wie ich andere und mich selber sehe und was ich als humorvoll erlebe." (Siegel 2005, 23)

In der extrovertierten Seite sieht sie die „Nach außen gewandte Seite des Humors, d.h. die Art, wie Humor zum Ausdruck gebracht wird = Art des Umgangs und der Kommunikation mit anderen, wobei humorvolle Situationen und Begebenheiten >inszeniert< und gefördert werden. Die extrovertierte Seite des Humors ist eine Art Lebensstil, bei dem der Humor je nach Person eine mehr oder weniger wichtige Rolle spielt." (Siegel 2005, 23)

9   Humor und Salutogenese

Humor kann je nach persönlicher Ausprägung eine Art sein, mit Anspannung, Ängsten, Herausforderungen umzugehen. „ Kranke und pflegebedürftige Menschen können über Humor, Witz und respektloses Infragestellen ihr lähmendes Ausgeliefertsein angesichts einer ihnen übermächtig, undurchschaubar und geradezu sakral inszenierten Medizintechnologie ... überwinden und zu kreativer autonomer Erkenntnis der eigenen Situation und deren Handhabbarkeit gelangen." (Robinson, 2002, 14)

Mittels Humor lassen sich auch Wut und Aggressionen in eine Form bringen, die für andere akzeptabel ist. "Humor ist wie ein Sicherheitsventil das gerade genug Luft ablässt, um eine Explosion zu verhindern." (Robinson, 2002, 58)

Im oben genannten Zitat fällt bereits der Begriff Handhabbarkeit. Damit ist die Teilkomponente des Kohärenzgefühls benannt, an der Humor am signifikantesten ansetzt. Schwierige Situationen lassen sich mit Humor oft besser handhaben, Humor rettet ein Stück Normalität beim Umgang mit Krankheit, Alter und/oder dem Leben in einer Institution. Die positiven Aspekte des Humors können insbesondere über die Teilkomponente Handhabbarkeit Einfluss auf das Kohärenzgefühl nehmen, um bei einer Verschiebung auf dem Gesundheits-Krankheitskontinuum in Richtung Gesundheit mitzuwirken.

10 Humor und Pflege

Humor und Pflege, zwei Kontrapunkte die sich gegenseitig ausschließen? Assoziationen zum Bezugsfeld Pflege sind unter anderem Stress, Krankheit, Schmerzen, Siechtum, Leiden, Exkremente, Blut und Angst. So scheint es nicht verwunderlich, dass Humor in einer solchen Umgebung nicht vermutet wird und auf den ersten Blick deplaziert erscheint. Pflege lässt sich aber auch mit Freude, Hilfe, Dankbarkeit, Linderung, Erfolg und Bestätigung assoziieren. Ein Bereich in dem Humor seinen Platz haben kann.

Die positiven Aspekte der besseren Handhabbarkeit durch Humor gelten in der pflegerischen Beziehung nicht nur für die Patienten sondern auch für die Pflegenden selbst, um mit den besonderen Herausforderungen ihres Berufsbildes umzugehen.

So ist zu vermuten, dass Humor Bestandteil der pflegerischen-, als auch der interkollegialen Beziehungen ist, er als solcher aber nicht thematisiert wird, um Missverständnissen vorzubeugen.

Je nach spezifischer Situation kann Humor dazu genutzt werden, einen ersten Kontakt herzustellen und eine „verkrampfte" Situation zu entspannen. Anne Siglinde Siegel führt dazu aus: „So gesehen kann Humor auch als eine Art >Eisbrecher< verstanden werden, der dazu verhilft, mit den Patienten und ihren Angehörigen eine Beziehung aufzubauen." (Siegel 2005, 38).

Ein Beispiel:

Ein Patient kommt zu Routineuntersuchungen ins Krankenhaus und durchläuft eine schnelle, aber anstrengende Diagnostik mit vielen unterschiedlichen Stationen an einem Tag.

Nach den ersten Begrüßungsätzen und dem schreiben eines EKG's sage ich: „ Ich würde Ihnen nun Blut abnehmen. Sind Sie damit einverstanden?"

Patient: „Ja bitteschön. Welchen Arm möchten Sie?"

Ich: „ So einfach stimmen Sie zu? Sie wissen ja gar nicht wie ich steche?" (begleitet von einem breiten offenen Lächeln)

Der Patient ist einen Moment irritiert, lächelt dann zurück und sagt: „ Na ich denke, Sie haben das schon ein paar Mal gemacht."

Je nach Situation lässt sich dieses dann noch ausbauen mit weiteren Sätzen wie: „ Ja sicher, aber heute habe ich meine Kontaktlinsen nicht drinn." (begleitet von einem Lächeln). Wichtig hierbei ist immer, die jeweilige Situation zu beurteilen und eher eine „Humorstufe" niedriger zu agieren als umgekehrt. Was jedoch Entstehen kann, ist eine persönlichen Situation. Der Patient fühlt sich, obwohl er viele Stationen durchläuft, persönlich angesprochen. Das Eis ist gebrochen. Im Anschluss baut sich eine „normale" Kommunikation leichter auf mit Fragen wie: „Mussten Sie heute denn schon lange warten? Oder ging es?" usw., usw.. Die Anonymität ist einer persönlichen Beziehung zwischen Patient und Pflegekraft gewichen.

Welche Rolle der Humor in der pflegerischen Beziehung spielt, könnte sicherlich noch wesentlich umfangreicher beleuchtet werden. Dieses kann Ausgangspunkt zu weiteren Arbeiten sein. In diesem Fall soll dieser Einstieg ein Anfang sein.

11 Resümee

Die WHO beschreibt Gesundheit in ihrer Definition aus dem Jahr 1948 als Zustand des vollkommenen psychischen und physischen Wohlbefindens. Darin wird eine Idealnorm beschrieben, deren Gerüst sehr enge Grenzen setzt. Gesundheit einerseits und Krankheit, als Abweichung von dieser Norm andererseits, schließen sich gegenseitig aus. Gibt es Abweichungen von dieser Idealnorm, beginnt unter pathogenetischer Sichtweise die Suche nach den Faktoren, die dieses vollkommene Wohlbefinden verhindern. Die moderne medizinische Diagnostik und Therapie bietet hierzu eine Vielzahl von Möglichkeiten, die zur Komplexitätsreduktion in einzelne Fachbereiche unterteilt sind, womit die Gefahr verbunden ist die Gesamtheit des Patienten aus den Augen zu verlieren.

Antonovskys Modell der Salutogenese setzt dem eine andere und völlig neue Denkrichtung entgegen. Die Auffassung, dass Gesundheit und Krankheit keine Faktoren sind, die sich gegenseitig ausschließen, sondern die sich in einem ständigen Wechselspiel befinden, lässt Raum für mehrdimensionale Ansätze. Die Suche nach den Faktoren, die Gesundheit erhalten, ihre Benennung und Förderung, stellt einen gänzlich neuen Anstoß dar. Hier bieten sich Möglichkeiten für Wissensgebiete außerhalb der klassischen Humanmedizin. Insbesondere für die Pflege bietet das Theoriegebilde des salutogenetischen Modells eine Möglichkeit zur Beschreibung ihres umfangreichen Aufgabengebietes.

Als einer der Faktoren, die zur Stärkung der gesund erhaltenden Einflüsse dienen können, ist der Humor benannt. Es wurde versucht, Humor in seiner Vielschichtigkeit zu zeigen und in Beziehung zur pflegerischen Arbeit zu bringen. Weiterhin wurde Humor in Bezug zum salutogenetischen Modell gebracht. Hierbei ist jedoch kritisch anzumerken, dass Antonovsky sich nicht auf Faktoren bezieht, die ein 'mehr an Gesundheit' bewirken können, ohne den Umweg über die erfolgreiche Bewältigung von Stressoren zu nehmen. Versteht man Humor in Sinne von Anne Siglinde Siegel als „Weltanschauung" und „Art von Lebensstil" (Siegel 2005, 23), so ist Humor auch als die Gesundheit fördernder Faktor zu sehen ohne immer den Umweg über eine Bewältigung nehmen zu müssen. Persönliche Ressourcen, die nicht im Zusammenhang mit aktiver Bewältigung stehen, sondern mehr als internale Persönlichkeitseigenschaften eine positive Beeinflussung ermöglichen, werden in seinem Modell nicht berücksichtigt.

Hier bieten sich Möglichkeiten der Verfeinerung und Weiterentwicklung von Antonovskys Modell der Salutogenese, die über den Rahmen dieser Hausarbeit jedoch weit hinausgehen.

Literaturverzeichnis

ANTONOVSKY A. (1997) Salutogenese zur Entmystifizierung der Gesundheit. Dt. erweiterte Herausgabe von Alexa Franke. Tübingen, Dgvt

ANTONOVSKY A., 1979, Help, stress, and coping: New perspectives on mental and physical well-being", San Francisco: Jossey-Bass

BENGEL, J. STRRITTMATTER, R., WILLMANN, H, Was erhält Menschen gesund? Antonovskys Modell der Salutogenese – Diskussionsstand und Stellenwert. Eine Expertise im Auftrag der Bundeszentrale für gesundheitliche Aufklärung (BZgA), 7. erweiterte Auflage, Köln: BzgA

BISCHOFBERGER, I., 2002, Das kann ja heiter werden: Humor und Lachen in der Pflege, Bern, Göttingen, Toronto, Seattle

FRANKE A. 1997 in ANTONOVSKY A. (1997) Salutogenese zur Entmystifizierung der Gesundheit. Dt. erweiterte Herausgabe von Alexa Franke. Tübingen, Dgvt

HESSE; H. (2003) Das Glasperlenspiel. Dritte Auflage dieser Ausgabe. Frankfurt am Main, Suhrkamp

KNAKE-WERNER, 2006, Gesundheitswesen hat grundlegende Reform bitter nötig, Berlin, Senatsverwaltung für Gesundheit, Soziales und Verbraucherschutz, Online im Internet: „URL: http://www. berlin.de/landespressestelle/archiv/2006/01/18/34226/index.html (Stand 26.04.2006)

ROBINSON V.M., 2002, Praxishandbuch Therapeutischer Humor: Grundlagen und Anwendungen für Gesundheits- und Pflegeberufe 2. Auflage, Bern, Göttingen, Toronto, Seattle

SIEGEL ANNE SIGLINDE, 2005, Darf Pflege(n) Spaß machen? Humor im Pflege- und Gesundheitswesen: Bedeutung, Möglichkeiten und Grenzen eines außergewöhnlichen Phänomens, Hannover, Schlütersche Verlagsgesellschaft mbH & Co. KG

WORLD HEALTH ORGANIZATION 1948: Präambel zur Satzung. Genf: